Callixte Yadufashije

La realtà dell'evoluzione umana

AF154716

Callixte Yadufashije

La realtà dell'evoluzione umana

ScienciaScripts

This book is a translation from the original published under ISBN 978-3-330-32655-2.

Publisher:
Sciencia Scripts
is a trademark of
Dodo Books Indian Ocean Ltd. and OmniScriptum S.R.L publishing group

120 High Road, East Finchley, London, N2 9ED, United Kingdom
Str. Armeneasca 28/1, office 1, Chisinau MD-2012, Republic of Moldova, Europe
Printed at: see last page
ISBN: 978-620-7-40081-2

Dedicazione

Questo libro è dedicato a mia moglie Kampirwa Martha, a mio figlio e mia figlia Umunyurwa Callixte Tony Neisser e Uwanyuze Holy Nessia rispettivamente, a mia madre Nyirabagenzi Thacienne e a mio fratello Rebero Samuel.

Tabella dei contenuti

RICONOSCIMENTO

Il mondo in cui viviamo è pieno di lotte e cambiamenti che influiscono positivamente o negativamente sulla nostra vita. Nella maggior parte dei casi, quando si lavora, i sostenitori sono quotidianamente indispensabili in termini di idee e di altre necessità essenziali per motivare qualcuno a lavorare. Riconosco coloro che hanno contribuito alla realizzazione di questo libro. Il mio primo ringraziamento è rivolto al Prof. Jean Baptiste Nizeyimana, la cui discussione filosofica ha creato idee forti durante il periodo di stesura di questo libro. Ringrazio Rebero Samuel, la sua motivazione quotidiana, le sue idee scientifiche e il suo sostegno di amicizia sono molto apprezzati. L'ultimo ringraziamento è rivolto alla mia amata moglie Martha Kampirwa, il suo sostegno quotidiano nel fornire il miglior ambiente di lavoro è di grande valore. Ringrazio i colleghi e coloro che hanno messo a disposizione il loro tempo per migliorare la qualità di questo libro. Auguri a tutti voi.

CAPITOLO 0
INTRODUZIONE

L'inizio della vita dal punto di vista biologico è una cellula. La cellula non può essere vista senza ingrandimento. Abbiamo sempre bisogno della microscopia per identificare i tipi di cellule e le loro parti. È troppo misterioso capire come questa piccola particella giochi un ruolo enorme negli esseri viventi. Cellule diverse si uniscono per creare un essere vivente che può produrre miracoli su questo pianeta. Questo dimostra che le cellule si sviluppano da sole per apportare cambiamenti alla loro vita. Per acquisire molte conoscenze sull'evoluzione e sulla sua realtà, dobbiamo comprendere questo esempio di come una piccola cellula crei un certo organismo vivente. Riuscite a guardare lontano? Se le piccole cellule creano un organismo vivente, cosa accadrà al prodotto di questo organismo vivente dalle cellule? Per milioni di anni abbiamo sentito parlare dei nostri antenati e delle loro opere, e possiamo vedere come sono cambiate le cose rispetto a noi. In tempi recenti si camminava per percorrere lunghe distanze, oggi ci sono treni, automobili e aerei, non c'è bisogno di spirito per capirlo, lo si vede senza nemmeno pensarci. In poche parole, evoluzione significa cambiamenti. Quindi i cambiamenti sono ovunque su questo pianeta. Possiamo misurare i cambiamenti in base ai periodi. Qualcosa può cambiare per produrre qualcosa di nuovo. L'evoluzione può apportare vari cambiamenti su questo pianeta; nel mondo moderno, gli scienziati hanno scoperto nuovi materiali e altri hanno sviluppato teorie, questa è l'evoluzione che continuerà a creare nuovi cambiamenti nel mondo, e questa è una catena di evoluzione. Ora abbiamo capito che evoluzione significa cambiamenti, e allora vediamo dei cambiamenti sul nostro pianeta? Se ci sono cambiamenti sul nostro pianeta, possiamo confermare che l'evoluzione è reale. E diversi esempi dimostrano la realtà dell'evoluzione dal punto di vista intellettuale e fisico. La comprensione dell'evoluzione è stata una questione difficile soprattutto per i cristiani e per coloro che credono che Dio coordini ogni cosa su questo pianeta, ma tutte queste cose fanno parte dell'evoluzione. L'esistenza di ogni cosa è evoluzione, abbiamo conosciuto le cose fin dal nostro arrivo su questo pianeta, siamo cresciuti e poi siamo morti. I dettagli sulla

4

morte si trovano in questo libro. Questa parte dell'introduzione è una perla di questo libro: molte persone confondono l'evoluzione, il che limita la loro comprensione della sua realtà, e di giorno in giorno l'evoluzione cambia in modo diverso anche nella loro vita. È anche una parte della comprensione dell'epistemologia; questo ha portato un grande malinteso all'ontologia, troppa attenzione è essenziale per creare nuova conoscenza, la comprensione dell'evoluzione creerà evoluzione, evoluzione nel raccolto personale o nelle opere. Potete creare un cambiamento in voi stessi attraverso un'analisi profonda dell'evoluzione. Tutto è coordinato dall'evoluzione, l'evoluzione è il creatore dei cambiamenti e non c'è nulla che ne esca. Non ci sono credenze necessarie per spiegare l'evoluzione, l'evoluzione è il leader di tutto, pensiamo alle credenze attraverso l'evoluzione, la realtà dell'evoluzione è giustificata dai cambiamenti che sono sempre visibili. Così gli esseri umani si trovano sul pianeta e vivono come gli altri, non hanno alcuna particolarità per sfuggire all'evoluzione, poiché essi stessi provengono da essa. L'evoluzione umana è giustificata dalle evidenze ontologiche di ciò che è accaduto e di ciò che sta accadendo. I cambiamenti ambientali hanno portato cambiamenti agli esseri viventi; è dimostrato che un essere vivente può cambiare nei caratteri fenotipici e genotipici e che gli antenati sono diversi dall'essere umano attuale. In questo libro, l'evoluzione umana e le sue evidenze sono visibili.

CAPITOLO 1

CREAZIONE ED EVOLUZIONE

1.1.Introduzione

La creazione è l'atto di produrre o far esistere. I credenti pensano sempre al loro creatore, che è DIO. Sono passati milioni e migliaia di anni, alcuni sono morti e altri sono nati. Non potete pensare che vostro padre vi abbia lasciato morire volontariamente. Pensare alla creazione è l'inizio dell'epistemologia nella mente di un individuo. Potete chiedervi da dove venite o dove sarete dopo la vostra esistenza fisica. Questo dilemma è l'inizio della ricerca. Alcune definizioni possono spiegare cosa sia la creazione. La creazione è il limite della conoscenza e della capacità di un individuo. La debolezza umana ha creato una nuova filosofia dell'origine dell'umanità. L'essere umano è limitato nel tempo e nello spazio; da qui, la conclusione dovuta al limite umano è che c'è qualcuno o qualcosa che coordina questo movimento, è qui che diciamo Dio. La creazione è stata vista nella Bibbia e la Bibbia è l'evoluzione della scienza e della filosofia. La realtà della creazione umana è giustificata dalla debolezza umana e dai cambiamenti che sono avvenuti e stanno avvenendo nella specie umana, non ci sono prove giustificate della creazione, la creazione è il concetto della filosofia di ricerca dell'evoluzionismo.

1.2 . Il creazionismo

Il creazionismo è una dottrina che sostiene che la materia, le forme di vita e il mondo sono stati creati da Dio dal nulla. È la vera conferma della Bibbia. La creazione è un concetto che troviamo nella Genesi 1 della Bibbia cristiana, che conferma che tutte le cose viventi e non viventi sono state create da Dio. Scienziati, liberi pensatori e filosofi hanno discusso a lungo su questo argomento, ma ancora oggi ognuno ha una propria concezione della creazione. In questo contesto si possono spiegare due modi di spiegare la creazione: i cristiani credono che Dio sia il creatore di tutto. Nel contesto del cristianesimo, Dio è creatore, ma quando? Questa dottrina nega la possibilità di chiedersi quale sia l'origine di Dio; la Bibbia dice che Dio ha creato un essere umano santo e che il mondo era santo, dopo di che le persone create hanno peccato, hanno perso l'originalità e sono morte. La modificazione di un essere umano è cambiata anche nell'ambiente, il che significa che Dio ha creato un essere umano, ma questo essere umano è cambiato dopo essere diventato peccatore. Continuando ad analizzare ciò che dice la Bibbia, l'essere umano ha due fenomeni, uno è la creazione e l'altro è la modificazione permanente e continua, ogni scienziato può interrogarsi sulle modificazioni, secondo la Bibbia cristiana Dio ha creato l'essere umano a sua immagine e somiglianza, oggi le persone sono diverse, alcune sono alte e altre basse, bianche e nere, così tante razze, allora tra queste razze, chi è a immagine di Dio? Non c'è bisogno di pensare alla creazione perché siamo nati dalla modificazione. La creazione è qualcosa che consideriamo nella cultura, la creazione è scaduta migliaia di anni fa. Dio ha creato un essere umano per vivere in eterno, oggi le persone muoiono ogni giorno, il che significa qualcosa di importante: se moriamo veniamo da un'altra parte, non da Dio. I cristiani credono che risorgeremo per la vita eterna o per la morte a seconda delle nostre opere e attività, questa è un'altra debolezza umana, ed è una credenza tradizionale sulla sopravvivenza dell'anima dopo la morte. In questo contesto ho voluto analizzare il creazionismo non per confermarne la realtà, perché non ha giustificazioni dall'altra parte. Ciò che facciamo dipende dalla nostra origine genetica e psicologica, senza dimenticare le influenze ambientali. Per comprendere la creazione dobbiamo comprendere sia l'ontologia che l'epistemologia, l'ontologia spiega l'esistenza e l'epistemologia arriva alla conoscenza. Ontologicamente non ci sono prove che giustifichino la creazione, la conoscenza umana è solo un modo da usare per capire, ma servono prove reali per confermarla.

Dal punto di vista epistemologico, la Bibbia conferma che è un peccato chiedere di Dio. La saggezza è domandare. Se limitiamo le nostre idee, moriremo poveri. Nell'era moderna abbiamo bisogno di sapere più di quello che sappiamo, per salvare la nostra vita nel mondo prima di scomparire. Comprendere questo contesto della creazione creerà la fiducia dell'uomo in vita. Dire che qualcuno è sotto il controllo di ciò che stiamo facendo è la riduzione della vita di qualcuno nel mondo. La creazione non è verificata scientificamente; è un'informazione di trasmissione biblica che fa parte del pensiero filosofico. Questa affermazione voleva spiegare come chi crede nella creazione può comprendere il concetto di evoluzione. possiamo continuare a chiederci se la creazione è reale, i cristiani hanno sviluppato la loro comprensione verso il creatore che è Dio, ma nulla può accadere a caso, se confermiamo la creazione, ci chiederemo l'origine di Dio, smettere di chiederselo è cadere nelle tenebre dell'ignoranza e porta alla povertà della mente, in generale se confermiamo la realtà della creazione, dobbiamo capire l'evoluzione, poiché i cambiamenti sono ovunque, un essere umano oggi può diventare creatore di molte cose attraverso l'evoluzione. Alcuni creazionisti confermano la creazione attraverso la conoscenza umana che fa la differenza rispetto agli altri esseri viventi, ma anche gli esseri umani hanno capacità diverse che confermano l'evoluzione. La creazione e l'evoluzione sono nate dallo stesso pensiero, ma la loro realtà è diversa.

1.3 Evoluzionismo

1.3.1 Introduzione

L'evoluzionismo è una visione del mondo che cerca di spiegare ogni aspetto del mondo in cui viviamo. Comprende un'ampia varietà di argomenti, dall'astronomia alla chimica alla biologia. Il suo fondamento è che ci sono state diverse fasi nell'evoluzione del nostro universo. L'evoluzione è avvenuta milioni di anni fa, non c'è dubbio, visto che ne osserviamo diverse prove. Charles Darwin, nella sua teoria dell'evoluzione, ha spiegato che tutti gli esseri viventi sono correlati e gli scienziati hanno commentato con argomenti e accordi diversi. Dipende dalla filosofia di ciascuno ciò che Darwin ha detto in questa teoria. Io voglio confermare l'evoluzione attraverso l'osservazione di ciò che abbiamo sempre osservato e imparato dalla storia.

1.3.2 Prove della realtà dell'evoluzione

1.3.2.1 *Testimonianze fossili*

Quando si parla di prove dell'evoluzione, la prima cosa che viene in mente alla maggior parte delle persone sono i fossili. La documentazione fossile ha una caratteristica importante e unica: è l'unico sguardo reale al passato in cui si propone che la discendenza comune abbia avuto luogo. In quanto tale, fornisce una prova inestimabile della discendenza comune. La documentazione fossile non è "completa" (la fossilizzazione è un evento raro, quindi c'è da aspettarselo), ma c'è comunque una grande quantità di informazioni sui fossili.

Che cosa si intende per documentazione fossile?

Se si osserva la documentazione fossile, si trova una successione di organismi che suggerisce una storia di sviluppo incrementale da una specie all'altra. All'inizio si vedono organismi molto semplici e poi nuovi organismi più complessi che compaiono nel tempo. Le caratteristiche degli organismi più recenti sembrano spesso essere forme modificate di caratteristiche di organismi più antichi.

Questa successione di forme di vita, da più semplici a più complesse, che mostra le relazioni tra le nuove forme di vita e quelle che le hanno precedute, è una forte prova inferenziale dell'evoluzione. Ci sono lacune nella documentazione fossile e alcuni eventi insoliti, come quello che viene comunemente chiamato esplosione cambriana, ma il quadro generale creato dalla documentazione fossile è quello di uno sviluppo coerente e incrementale.

Allo stesso tempo, la documentazione fossile non suggerisce in alcun modo, forma o forma l'idea di una generazione improvvisa di tutta la vita così come appare ora, né sostiene il trasformismo.

Non c'è modo di guardare alla documentazione fossile e interpretare le prove come se puntassero verso qualcosa di diverso dall'evoluzione - nonostante tutte le lacune nella documentazione e nella nostra comprensione, l'evoluzione e la discendenza comune sono le uniche conclusioni supportate dall'intero spettro di prove.

Questo è molto importante quando si considerano le prove inferenziali, perché le prove inferenziali possono sempre, in teoria, essere messe in discussione in base alla loro interpretazione: perché interpretare le prove per dedurre una cosa piuttosto che un'altra?

Una sfida di questo tipo, però, è ragionevole solo quando si dispone di un'alternativa più forte, un'alternativa che non solo spiega l'evidenza meglio di quella contestata, ma che preferibilmente spiega anche altre evidenze che la prima spiegazione non spiega.

Questo non accade con nessuna forma di creazionismo. Per quanto insistano sul fatto che l'evoluzione è solo una "fede" perché molte prove sono "solo" inferenziali, non sono in grado di presentare un'alternativa che spieghi tutte le prove inferenziali meglio dell'evoluzione - o che si avvicini all'evoluzione. Le prove inferenziali non sono forti come quelle dirette, ma vengono considerate sufficienti nella maggior parte dei casi quando esistono prove sufficienti e soprattutto quando non esistono alternative ragionevoli.

Fossili e prove convergenti

Il fatto che la documentazione fossile, in generale, suggerisca l'evoluzione è certamente una prova importante, ma diventa ancora più eloquente quando viene combinata con altre prove dell'evoluzione. Per esempio, la documentazione fossile è coerente in termini di biogeografia - e se l'evoluzione è vera, ci aspetteremmo che la documentazione fossile sia in armonia con la biogeografia attuale, l'albero filogenetico e la conoscenza della geografia antica suggerita dalla tettonica a placche.

In effetti, alcuni reperti, come i resti fossili di marsupiali in Antartide, sono fortemente a favore dell'evoluzione, dato che Antartide, Sud America e Australia facevano un tempo parte dello stesso continente. Se l'evoluzione è avvenuta, ci si aspetterebbe non solo che la documentazione fossile mostri una successione di organismi come quella descritta sopra, ma anche che la successione vista nella documentazione sia compatibile con quella derivata dall'osservazione delle creature attualmente viventi. Ad esempio, esaminando l'anatomia e la biochimica delle specie viventi, sembra che l'ordine generale di sviluppo dei principali tipi di vertebrati sia stato: pesci -> anfibi -> rettili -> mammiferi. Se le specie attuali si sono sviluppate come risultato di una discendenza comune, allora la documentazione fossile dovrebbe mostrare lo stesso ordine di sviluppo.

In effetti, la documentazione fossile mostra lo stesso ordine di sviluppo.

In generale, la documentazione fossile è coerente con l'ordine di sviluppo suggerito dall'esame delle caratteristiche delle specie viventi. In quanto tale, rappresenta un'altra prova indipendente della discendenza comune, molto significativa perché i fossili sono una finestra sul passato.

Fossili e previsioni scientifiche

Dovremmo anche essere in grado di fare alcune previsioni e retrodatazioni su ciò che ci aspetteremmo di vedere nella documentazione fossile. Se si è verificata una discendenza comune, gli organismi trovati nella documentazione fossile dovrebbero essere generalmente conformi all'albero filogenetico - i nodi dell'albero in cui si verifica una scissione rappresentano gli antenati comuni degli organismi sui nuovi rami dell'albero.

Prevediamo di poter trovare nei fossili organismi che presentano caratteristiche intermedie tra i diversi organismi che si sono evoluti e gli organismi da cui si sono evoluti. Per esempio, l'albero standard suggerisce che gli uccelli sono più strettamente imparentati con i rettili, quindi prevediamo che potremmo trovare fossili che mostrano un mix di caratteristiche di uccelli e rettili. Gli organismi fossilizzati che possiedono caratteristiche intermedie sono chiamati fossili di transizione.

Sono stati trovati esattamente questi tipi di fossili.

Ci aspetteremmo anche di *non* trovare fossili che mostrino caratteristiche intermedie tra organismi non strettamente imparentati. Per esempio, non ci aspetteremmo di vedere fossili che sembrano essere intermedi tra uccelli e mammiferi o tra pesci e mammiferi. Anche in questo caso, i dati sono coerenti. Ad esempio, nel 2012, nel sud-ovest della Cina, è stato trovato un raro fossile che mostrava persone sconosciute dell'età della pietra. vedi sotto

Una volta osservato quest'uomo si possono fare molte riflessioni sul suo aspetto fisico. L'evoluzione usa la scienza per confermare la sua realtà. Non possiamo prendere le cose e confermarle a caso; facciamo dei test e osserviamo come si sono trasformati gli esseri viventi. L'immagine qui sopra descrive alcune persone dell'età della pietra, la vostra osservazione può darvi delle idee; alcuni creazionisti negano sempre l'evoluzione umana per giustificare la loro dottrina secondo cui tutto proviene dalla creazione. La scienza è l'agente dei cambiamenti nel mondo, qualsiasi cosa facciamo è basata sulla realtà della scienza, e la conferma non è casuale, ma si basa su test scientifici. Qui quest'uomo è pieno di peli su tutto il corpo, oggi non si trovano persone del genere in Cina, sono cambiate nel tempo, questo è il modo in cui l'evoluzione esprime la sua realtà.

1.3.2.2 *Evidenze biologiche*

Due o più specie possono condividere la stessa struttura fisica unica, come la pianta del corpo o la struttura ossea; queste caratteristiche derivano dai loro antenati comuni, sono ereditate. Per fare un esempio tipico, gli arti anteriori di balene, uomini, uccelli e cani hanno un aspetto esteriore molto diverso. Questo perché si sono adattati a funzionare in ambienti diversi. Tuttavia, se si osserva la struttura ossea degli arti anteriori, si scopre che la disposizione delle ossa è molto simile nelle varie specie. È improbabile che strutture così simili si siano evolute indipendentemente in ogni specie, ed è più probabile che la disposizione di base delle ossa fosse già presente in un antenato comune di balene, uomini, cani e uccelli. Tutti gli esseri viventi provengono dalla stessa origine e ognuno ha un effetto sull'altro. In realtà, il problema principale non è la capacità di ciascun essere vivente, ma la sua struttura corporea, e possiamo chiederci. Tutti gli arti dei vertebrati sono omologhi e questo giustifica la loro origine. Ciò dimostra che provengono dalle stesse parti del corpo di antenati comuni. È per questo che molti viventi diversi hanno dei punti in comune. Facendo l'esempio dello scimpanzé e dell'uomo, confrontando le loro strutture corporee, si scopre che alcune di esse sono uguali, possono essere diverse ma composte dalle stesse ossa, voi stessi cosa ne pensate di questa struttura? È la vera realtà dell'evoluzione umana. L'essere umano non è unico dal punto di vista anatomico; condivide la stessa struttura anatomica con altri animali, il che giustifica la sua origine di classe. Essi provengono dallo stesso antenato, ma sono stati modificati dalla selezione naturale. Per ulteriori informazioni sulla selezione naturale, potete consultare la teoria della selezione naturale di Charles Darwin. Per quanto riguarda il modo in cui si sviluppa l'embrione, è possibile analizzare anche questa prova, poiché alcuni embrioni presentano caratteristiche dell'embrione dei loro antenati. Per esempio, un embrione umano possiede branchie come quelle dei pesci, il che spiega una cosa importante che non possiamo rifiutare, e che questi animali provengono dallo stesso luogo in quanto condividono alcune caratteristiche.

1.3.2.3 *Sintesi*

La creazione e l'evoluzione sono argomenti che hanno creato incomprensioni tra gli scienziati e coloro che credono nella creazione. Non importa come qualcuno possa capire questi due termini. L'evoluzione si spiega da sola, ha prove che dimostrano la sua realtà, nella genesi accettiamo che Dio abbia creato un essere umano, ma per gli altri animali Dio ha detto solo la parola e gli animali sono stati creati dalla parola. È troppo misterioso, alcuni animali hanno caratteristiche simili a quelle umane, come si può dire che sono stati creati in modo diverso? Le persone hanno colori diversi, a partire dal bianco, dal nero e da altri, e qui potete immaginare chi Dio ha creato tra le persone menzionate con i loro colori? Ciò che la gente deve guardare sono i cambiamenti che stanno avvenendo, e alla fine concluderà che l'evoluzione è un agente di cambiamento. Senza di essa non può accadere nulla, ma non possiamo negare la realtà esistente, qualunque cosa possiamo fare il mondo fisico si spiega da solo, non ha bisogno di interpretazioni e traduzioni.

CAPITOLO 2

L'ESSERE UMANO E L'EVOLUZIONE

2.1 Introduzione

L'essere umano è un motore per gli altri esseri viventi. Evoluzionisti e creazionisti hanno sviluppato la loro comprensione dell'esistenza dell'essere umano. Ciò che è necessario ricordare è che gli esseri viventi sono arrivati allo stesso modo. Hanno un'unica origine. Tutti gli esseri viventi condividono le stesse caratteristiche biologiche; non ci sono dubbi sulla loro relazione. In questo capitolo spiegheremo il contesto dell'evoluzione umana; parleremo anche della creazione umana per confermare l'evoluzione di un essere umano. Nulla può accadere al di fuori dell'evoluzione.

2.2 L'evoluzione umana

L'evoluzione umana è un processo di cambiamento attraverso il quale le persone definiscono l'origine dell'essere umano identificando gli antenati umani. Le prove scientifiche dimostrano che i tratti fisici e comportamentali condivisi da tutte le persone hanno avuto origine da antenati apelidi e si sono evoluti in un periodo di circa sei milioni di anni.

Uno dei primi tratti distintivi dell'uomo, il bipedalismo, è la capacità di camminare su due gambe, che si è sviluppata oltre 4 milioni di anni fa. Altre importanti caratteristiche umane, come un cervello grande e complesso, la capacità di costruire e utilizzare strumenti e la capacità di parlare il linguaggio, si sono sviluppate più recentemente. Molti tratti avanzati, tra cui la complessa espressione simbolica, l'arte e l'espansione della diversità culturale, si sono sviluppati soprattutto negli ultimi 100.000 anni.

Gli esseri umani sono primati. Le somiglianze fisiche e genetiche dimostrano che la specie umana moderna, *Homo sapiens*, ha una relazione molto stretta con un altro gruppo di primati, le scimmie. Gli esseri umani e le grandi scimmie dell'Africa - scimpanzé (compresi i bonobo, i cosiddetti "scimpanzé pigmei") e gorilla - condividono un antenato comune vissuto tra 8 e 6 milioni di anni fa. Gli esseri umani si sono evoluti per la prima volta in Africa e gran parte dell'evoluzione umana è avvenuta in quel continente. I fossili dei primi esseri umani vissuti tra 6 e 2 milioni di anni fa provengono interamente dall'Africa.

La maggior parte degli scienziati riconosce attualmente circa 15-20 specie diverse di uomini primitivi. Tuttavia, gli scienziati non sono tutti d'accordo su come queste specie siano imparentate o su quali si siano semplicemente estinte. Molte specie umane primitive - certamente la maggior parte - non hanno lasciato discendenti viventi. Gli scienziati discutono anche su come identificare e classificare particolari specie di uomini primitivi e su quali fattori abbiano influenzato l'evoluzione e l'estinzione di ciascuna specie.

I primi esseri umani migrarono per la prima volta dall'Africa all'Asia probabilmente tra 2 milioni e 1,8 milioni di anni fa. In Europa sono entrati un po' più tardi, tra 1,5 e 1 milione di anni fa. Le specie di esseri umani moderni hanno popolato molte parti del mondo molto più tardi. Per esempio, l'uomo è arrivato per la prima volta in Australia probabilmente negli ultimi 60.000 anni e nelle Americhe negli ultimi 30.000 anni circa. Gli inizi dell'agricoltura e l'ascesa delle prime civiltà sono avvenuti negli ultimi 12.000 anni.

2.3 . Paleantropologia

La paleoantropologia è lo studio scientifico dell'evoluzione umana. La paleoantropologia è un sottocampo dell'antropologia, lo studio della cultura, della società e della biologia umana. Il campo comprende la comprensione delle somiglianze e delle differenze tra gli esseri umani e le altre specie nei loro geni, nella forma del corpo, nella fisiologia e nel comportamento. I paleoantropologi cercano le radici dei tratti fisici e del comportamento umano. Cercano di scoprire come l'evoluzione abbia plasmato le potenzialità, le tendenze e i limiti di tutte le persone. Per molti, la paleoantropologia è un campo scientifico entusiasmante perché indaga l'origine, nel corso di milioni di anni, dei tratti universali e distintivi della nostra specie. Tuttavia, per alcuni il concetto di evoluzione umana è preoccupante perché può sembrare che non sia in linea con le credenze religiose e altre credenze tradizionali su come sono nati gli uomini, gli altri esseri viventi e il mondo. Tuttavia, molte persone sono arrivate a conciliare le loro convinzioni con le prove scientifiche.

I primi fossili umani e i resti archeologici offrono gli indizi più importanti su questo antico passato. Questi resti comprendono ossa, utensili e qualsiasi altra prova (come impronte di piedi, tracce di focolari o segni di macellazione su ossa di animali) lasciati dalle popolazioni precedenti. Di solito, i resti sono stati sepolti e conservati naturalmente. Vengono quindi ritrovati in superficie (esposti dalla pioggia, dai fiumi e dall'erosione del vento) o scavando nel terreno. Studiando le ossa fossilizzate, gli scienziati imparano a conoscere l'aspetto fisico degli esseri umani del passato e come è cambiato. Le dimensioni delle ossa, la forma e i segni lasciati dai muscoli ci dicono come i predecessori si muovevano, come tenevano gli strumenti e come le dimensioni del loro cervello sono cambiate nel corso del tempo. Le prove archeologiche si riferiscono agli oggetti prodotti dalle persone precedenti e ai luoghi in cui gli scienziati li hanno trovati. Studiando questo tipo di prove, gli archeologi possono capire come i primi esseri umani costruivano e usavano gli strumenti e come vivevano nei loro ambienti.

2.4 Il processo di evoluzione

Il processo di evoluzione comporta una serie di cambiamenti naturali che causano la nascita di specie (popolazioni di organismi diversi), l'adattamento all'ambiente e l'estinzione. Tutte le specie o gli organismi hanno avuto origine attraverso il processo di evoluzione biologica. Negli animali che si riproducono per via sessuale, compreso l'uomo, il termine specie si riferisce a un gruppo i cui membri adulti si incrociano regolarmente, dando origine a una prole fertile, cioè in grado di riprodursi. Gli scienziati classificano ogni specie con un nome scientifico unico, diviso in due parti. In questo sistema, gli esseri umani moderni sono classificati come *Homo sapiens*.

L'evoluzione si verifica quando si verifica un cambiamento nel materiale genetico - la molecola chimica, il DNA - che viene ereditato dai genitori, e in particolare nelle proporzioni dei diversi geni in una popolazione. I geni rappresentano i segmenti di DNA che forniscono il codice chimico per la produzione di proteine. Le informazioni contenute nel DNA possono cambiare attraverso un processo noto come mutazione. Anche il modo in cui determinati geni vengono espressi, cioè il modo in cui influenzano il corpo o il comportamento di un organismo, può cambiare. I geni influenzano il modo in cui il corpo e il comportamento di un organismo si sviluppano durante la sua vita, ed è per questo che le caratteristiche ereditate geneticamente possono influenzare la probabilità di sopravvivenza e di riproduzione di un organismo.

2.5 Il contesto della creazione per i cristiani e i credenti

I cristiani e altri che credono nella creazione umana hanno negato l'evoluzione umana, è chiaro, un essere umano è sempre orgoglioso a causa della sua natura. Per come sono fatti non possono accettare di provenire da animali o da altri luoghi, in realtà anche la Bibbia non dettaglia bene la creazione umana, nella Genesi la Bibbia dimostra che la terra esisteva prima senza immagine, quindi possiamo guardare lontano, possiamo confermare che ha ottenuto l'immagine tramite l'evoluzione, non si può creare qualcosa di già esistente ma si può migliorare qualcosa su di esso. Nella stessa versione della Genesi, Dio disse: "Creiamo un uomo a nostra immagine e somiglianza"? Questo discorso ha un significato interessante; possiamo capire che c'era un uomo con una certa immagine. Non c'è confusione, questa versione della Bibbia spiega bene la realtà dell'evoluzione e mostra la rotondità dell'essere umano nel negare l'evoluzione, la forza dell'evoluzione ha cambiato il mondo in cui viviamo e continuerà fino a un punto che non conosciamo. Il mondo sta cambiando rapidamente e le persone possono pensare se il Dio in cui credono è al di sotto di ciò che sta accadendo o lo sostiene. I primati hanno delle categorie, ma sono correlati. L'essere umano è classificato tra i primati, non c'è bisogno di spiegare molte cose se un essere umano appartiene ai primati, la loro evoluzione è la stessa. Se Dio ha creato un essere umano a sua immagine e somiglianza, possiamo pensare anche alla classe dei primati, perché non ci sono grandi differenze genetiche e fisiologiche. La scienza è uno strumento da utilizzare per confermare questo contesto, poiché ci mostra alcune somiglianze e differenze. Qui di seguito vediamo un'immagine che mostra le somiglianze tra i primati.

Se si considerano le caratteristiche fisiologiche degli scimpanzé e quelle degli esseri umani, queste sono identiche. La piccola differenza è la dimensione delle parti del corpo e questo non è un problema, perché anche gli esseri umani non hanno dimensioni uguali. Questa è una prova e altre prove saranno menzionate in questo libro.

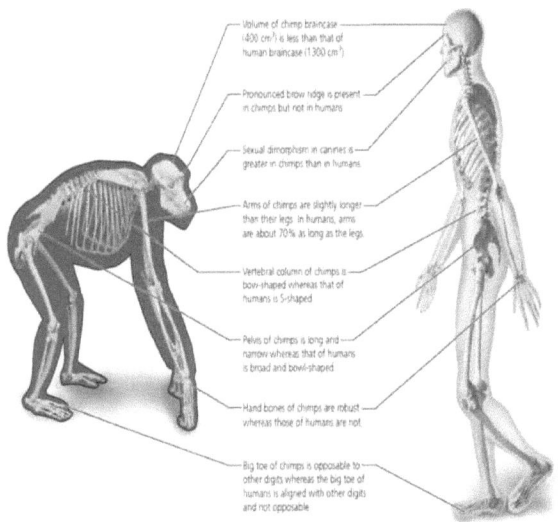

Guardando l'anatomia degli scimpanzé e degli esseri umani sembra che siano uguali. Non c'è una grande differenza, perché anche gli esseri umani non sono uguali.

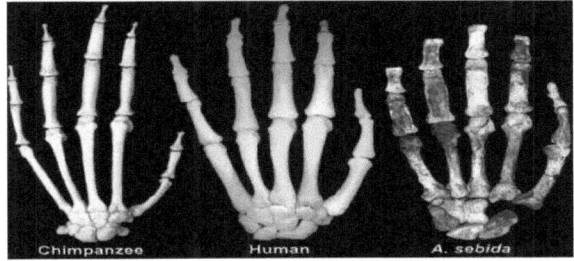

Con attenzione possiamo vedere come queste mani si assomiglino, confermando così l'evoluzione dell'essere umano.

2.6 Sintesi

L'evoluzione riguarda i cambiamenti delle specie fino alla loro estinzione. L'evoluzione umana è esistita come spiegato sopra. Il processo e i cambiamenti della specie umana spiegano l'evoluzione umana, la conferma esisteva già. L'essere umano di un tempo non è uguale a quello di oggi, sono diversi, questa differenza spiega l'evoluzione della specie umana, il confronto tra l'essere umano e gli altri esseri viventi mostra che non ci sono grandi differenze, l'evoluzione cambia un essere vivente all'altro, qualsiasi cosa crediamo, l'evoluzione umana ha tutte le prove e tutto è spiegato. La comprensione e le convinzioni sono un diritto di tutti.

CAPITOLO 3

RELIGIONE ED EVOLUZIONE

3.1 Introduzione

La religione è parte della cultura e dipende da ciò che la società crede. La religione è mondiale, la religione è parte della Rivoluzione culturale e questo si spiega con ciò che la gente crede in tutto il mondo. Si può osservare che ciò che credono gli indiani è diverso da ciò che credono i cinesi. Dio è creduto da molti credenti, ma la loro comprensione di ciò che è Dio è diversa. La comprensione comune è diversa per le persone di tutto il mondo, il che giustifica l'evoluzione. I cristiani credono in Gesù, ma una volta valutato che credono in lui, sembra diverso, la prova è che ci sono molte religioni cristiane che credono in Dio ma in modo diverso. Questo capitolo illustrerà la religione nel contesto dell'evoluzione.

3.2 Comprensione della religione dell'evoluzione

L'evoluzione è immaginazione, come pensa la maggior parte dei religiosi. L'evoluzione si basa su prove scientifiche. Una volta che l'evoluzione propone un'idea, questa deve essere testata prima di essere confermata. Nell'evoluzione possiamo dire che gli esseri umani hanno antenati comuni con gli scimpanzé sulla base delle loro somiglianze e dei test scientifici. L'evoluzione, nello specifico la discendenza comune, ci dice come la vita sia arrivata dove si trova, ma non ci dice perché. Se la domanda è se l'evoluzione confuta il tema di fondo della Genesi, cioè che Dio ha creato il mondo e la vita in esso, la risposta è no. L'evoluzione non può dire con esattezza perché la discendenza comune abbia scelto le strade che ha percorso. La maggior parte delle religioni, invece, si basa su rivelazioni che di solito non possono essere verificate oggettivamente. Parlano del perché, non del come. Inoltre, le credenze religiose non sono soggette a cambiamenti con la stessa facilità delle credenze scientifiche. Infine, una religione di solito pretende una precisione esatta, cosa che gli scienziati sanno di non poter mai raggiungere. È divertente che in matematica e in fisica si dimostri e si dimostri la verità della risposta, non si può negare senza una nuova idea con dimostrazioni, questo dimostra che le credenze religiose non sono verificabili e non lo saranno mai. I religiosi negano l'evoluzione ma sono credenze colonizzate perché la scienza ha dimostrato la realtà dell'evoluzione e la nostra vita si basa sulla scienza. È comprensibile, l'evoluzione è vera e i religiosi negano l'evoluzione sulla base delle loro credenze, ma le credenze non possono disapprovare la verità di qualcosa. Sappiamo bene che i farmaci curano le malattie e possono anche distruggere il nostro corpo, ma questo non può sostenere nessuno a negare la capacità dei farmaci di curare le malattie. Non possiamo rifiutare né l'evoluzione né la religione, sono tutte importanti.

L'evoluzione spiega bene l'origine della vita utilizzando le prove della scienza, la religione è anche una parte della cultura. È necessario distinguere le cose, l'evoluzione e la religione sono diverse, non dobbiamo confondere le persone. In base ai primi capitoli di questo libro, l'evoluzione è la guida della vita; nulla può andare avanti senza di essa. La religione è uno degli elementi della Rivoluzione culturale, nulla di nuovo può cambiare la cultura e anche le persone capiscono che la cultura cambia.

3.3 La religione può cambiare qualcosa all'evoluzione?

No! La religione non può cambiare l'evoluzione. La religione è una parte dell'evoluzione della cultura. I cristiani negano sempre l'evoluzione dicendo che l'evoluzione è per coloro che credono nella scienza, ma l'evoluzione appartiene a chiunque, perché l'evoluzione non dipende dalle persone, ma le persone dipendono da essa. La religione è comprensione spirituale e si basa su sentimenti mentali. Qualcuno può credere che Dio sia pronto a darci tutto ciò di cui abbiamo bisogno, si può pensare lontano, se Dio ci dà tutto, perché la povertà e le sofferenze? Perché le persone muoiono? Solo l'evoluzione può rispondere a questa domanda, ma nella religione la risposta è astratta. Qualunque cosa tu creda, morirai; se credi che Dio protegga le persone dalla morte, perché le persone muoiono? Anche coloro che credono nella protezione di Dio muoiono come i non credenti. Questo spiega bene che la religione non può cambiare l'evoluzione.

3.4 Sintesi

L'evoluzione è indipendente. L'evoluzione cambierà le cose e farà lo stesso con chi non ci crede. Se accade una catastrofe, essa raggiunge tutte le persone. Tutti hanno il diritto di credere, la debolezza umana conferma che Dio darà loro la vita eterna, non lo sappiamo ma dobbiamo pensare alla nostra lotta per salvarci. Per sopravvivere nel mondo abbiamo bisogno di una buona alimentazione, di igiene e di altre cose. La religione può portare vita spirituale e quando qualcuno muore tutto finisce con lui. Questa è l'evoluzione. L'evoluzione non è una credenza; l'evoluzione è una scienza che aiuta a conoscere l'origine della vita. Dobbiamo conoscere la differenza tra evoluzione e religioni; non è necessario confrontarle perché l'evoluzione è troppo ampia. In generale, l'evoluzione ha avuto un impatto sul pianeta e continuerà ad avere effetti per i religiosi e i non religiosi.

CAPITOLO 4

EPISTEMOLOGIA ED EVOLUZIONE

4.1 Introduzione

I cambiamenti sono avvenuti e continuano ad avvenire. L'evoluzione umana è sempre legata alle mutazioni genetiche. I cambiamenti genetici di un essere vivente influenzeranno molti cambiamenti nel suo stile di vita. Questo capitolo descrive nel dettaglio i cambiamenti della conoscenza dell'essere umano con l'evoluzione. L'epistemologia è la branca della filosofia che si occupa dello studio della conoscenza. Può aiutarci a capire la natura della conoscenza e i tipi di conoscenza nella vita quotidiana. A partire da questo possiamo anche conoscere la fonte della conoscenza.

Evoluzione della conoscenza

Prima di addentrarci nell'evoluzione della conoscenza, possiamo chiederci perché è necessario conoscere la conoscenza. La conoscenza è la guida della nostra vita; la otteniamo in modi diversi, mentre la raccolta della conoscenza è considerata come la conoscenza che otteniamo attraverso la società che abbiamo incontrato durante la nostra esistenza. La conoscenza della leadership può derivare dalla coordinazione e dall'osservazione quotidiana. L'istruzione è essenziale per conoscere meglio la scienza; i nostri antenati hanno fatto scoperte nel campo della scienza e le hanno trasmesse alle generazioni. Nell'evoluzione umana la conoscenza è qualcosa da considerare, la conoscenza dei computer ha portato cambiamenti e ha aiutato diverse persone a svolgere i loro compiti in un breve periodo di tempo. L'evoluzione parte sempre dall'essere umano e si trasmette ad altri esseri viventi e alla struttura fisica delle parole, per questo consideriamo l'evoluzione umana come una testa dei cambiamenti sul pianeta. La conoscenza conferma le evoluzioni umane, poiché le cose cambiano grazie all'evoluzione intellettuale dell'uomo. La protezione da diversi fenomeni naturali avviene attraverso la conoscenza umana. La conoscenza collettiva proviene da fonti e modi diversi. La coscienza individuale deriva dalle esperienze personali e dall'analisi quotidiana. L'analisi delle cose incontrate nel corso della vita può portare a un pacchetto di conoscenze, e si può anche analizzare un pacchetto di conoscenze ottenute da qualche parte per creare altri tipi di conoscenze. La conoscenza sta aumentando a causa dei cambiamenti del pianeta, le cose che creiamo portano cambiamenti ogni giorno e dobbiamo lottare contro i cambiamenti per sopravvivere sul pianeta. La conoscenza viene creata dalle persone per risolvere i loro problemi.

4.2 Origine della conoscenza

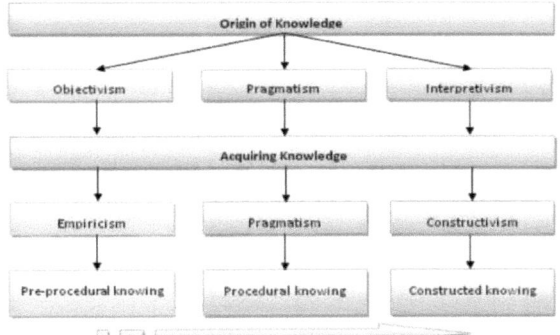

4.3 Spiegazione dettagliata dei concetti che contengono fonti di conoscenza

Oggettivismo: l'oggettivismo si basa su una teoria creata individualmente. Si basa sulla filosofia personale. L'oggettivismo è una buona origine della conoscenza perché aiuta a costruire una comprensione filosofica di sé attraverso l'analisi dei dati esistenti. Per confermare la realtà di una teoria, l'oggettivismo ci permette di analizzare e meritare. Nell'evoluzione della conoscenza, può svolgere un ruolo importante nello sviluppo di nuove conoscenze.

Pragmatismo: Il pragmatismo è un concetto filosofico secondo il quale la verità si basa su approcci pratici piuttosto che sulla teoria. Tutte le teorie e i concetti possono essere veri dimostrando le loro applicazioni. L'evoluzione della conoscenza ha portato all'applicazione della teoria nella nostra vita quotidiana. Per esempio, dire che il punto di ebollizione dell'acqua è 100^0 c non è sufficiente; è essenziale che uno scienziato scaldi l'acqua con un termometro per vedere se il termometro lo dimostrerà, quando l'acqua bolle. Questa teoria aiuta anche a capire l'evoluzione umana, ci sono esperienze pratiche che dimostrano che un uomo è stato creato, non si può vedere. Nel pragmatismo ogni verità si basa su esperimenti pratici. È una buona fonte di conoscenza: attraverso la pratica e l'esperimento concludiamo se una teoria è vera o no.

Interpretivismo: L'interpretivismo si basa sulla misurazione della realtà in base all'interpretazione della comprensione della società. La verità e la realtà sono socialmente costruite. L'interpretazione è essenziale per confermare la realtà; nella nostra discussione quotidiana possiamo raccogliere conoscenza attraverso l'analisi delle idee di persone diverse.

Empirismo: l'empirismo conferma che la conoscenza si basa sull'esperienza e sulle prove. L'empirismo accetta che la conoscenza possa essere acquisita attraverso le esperienze. Un medico può acquisire conoscenze attraverso le esperienze di lavoro in ospedale. Si basa sull'osservazione e sulla pratica. La familiarità empirica con un oggetto può portare a molte conoscenze su di esso. Ad esempio, se si è usato il computer per molti anni, si sarà in grado di digitare senza nemmeno guardare la tastiera. Fare qualcosa per molto tempo crea la consapevolezza di farlo bene. Nell'evoluzione della conoscenza, l'esperienza è essenziale.

Costruttivismo: la teoria del costruttivismo si basa sul modo in cui le persone apprendono. Conferma che il significato può essere creato attraverso le interazioni interpretative e le esperienze nel proprio ambiente sociale. Per sviluppare nuove conoscenze lo scambio di idee è importante e anche l'ambiente in cui si vive è necessario. Se non abbiamo un laboratorio di chimica nella nostra scuola, sarà difficile conoscere alcuni esperimenti di chimica. Le idee su come fare un esperimento possono essere discusse tra studenti. Ma la prova di laboratorio ci permetterà di concludere le nostre idee. Le nostre idee possono essere rafforzate attraverso la discussione nel gruppo. La discussione può aiutare a migliorare e a correggere la qualità. L'evoluzione della conoscenza ha utilizzato questo approccio: gli scienziati si riunivano in conferenze e seminari per discutere e costruire nuove conoscenze su determinate situazioni.

Conoscenza procedurale: La conoscenza procedurale si basa sulle fasi di realizzazione di una determinata attività. Si tratta dell'organizzazione per completare un lavoro. È molto importante conoscere l'ordine di esecuzione delle nostre attività. Come nella scienza della medicina e della chirurgia, se si deve fare un'operazione chirurgica, è meglio memorizzare tutti i passaggi e la loro successione. Se non lo sapete, ucciderete il paziente. Questo si può ottenere attraverso le esperienze, le osservazioni e l'addestramento.

Conoscenza pre-procedurale: questo tipo di conoscenza è comprensibile; se si vuole operare un paziente è necessario innanzitutto conoscere i materiali necessari e come utilizzarli. Bisogna studiare attentamente il paziente per assicurarsi che sia idoneo all'intervento. Nel trattamento di una malattia, le conoscenze sono sia procedurali che pre-procedurali: prima dobbiamo fare la diagnosi e poi applicare il processo di trattamento. Ciò che facciamo per il paziente spiega bene la conoscenza pre-procedurale, non si può trattare un paziente senza diagnosi. Tutto questo crea la conoscenza dell'uomo e costruisce la sua capacità. La conoscenza pre-procedurale è essenziale per l'analisi delle nostre attività; la conoscenza umana continuerà a crescere attraverso tutte le fonti menzionate in questo capitolo.

4.4 Sintesi

La conoscenza è un tema importante nell'evoluzione umana. L'essere umano è oggi un agente di cambiamento nel mondo grazie alle sue attività e ai suoi progetti. La conoscenza può provenire da diverse fonti, come già detto, e attraverso di essa le cose cambiano rapidamente, dando una nuova forma a ciò che sta accadendo nel mondo attuale. Non possiamo smettere di acquisire conoscenze; esse arrivano involontariamente a causa delle necessità umane. L'essere umano cresce nelle scienze per salvarsi e resistere, ma se risolviamo i problemi esistenti, è anche il modo per crearne di nuovi. La nostra immunità naturale è cambiata a causa dell'evoluzione, nessuno può resistere a questo ambiente per sempre, le scoperte in campo medico hanno cambiato le modalità di cura della popolazione umana, la conoscenza che abbiamo è una guida ai cambiamenti del pianeta. Recentemente abbiamo usato medicine a base di erbe per curare le persone, il rapporto demografico ha portato pericoli nell'ambiente circostante, alcuni tipi di vegetazione sono stati distrutti, mentre la nostra vita si basa sulla medicina moderna. La conoscenza della modernizzazione del pianeta si sta ampliando; possiamo chiederci cosa succederà; solo i cambiamenti della vita avverranno.

CAPITOLO 5

ONTOLOGIA ED EVOLUZIONE

5.1 Introduzione

L'ontologia è un campo della metafisica che si occupa della realtà e dell'esistenza. Ontologicamente la nostra mente è interessata a ciò che esiste e che può essere visto fisicamente. Ogni cosa deve essere testata per confermare la sua realtà nell'analisi ontologica. L'evoluzione può utilizzare l'ontologia per confermare la sua realtà. La teoria dell'evoluzione può essere sostenuta attraverso la scienza dell'ontologia. Attraverso questa scienza dell'ontologia, le cose spirituali sono escluse perché non vengono testate. È essenziale per noi comprendere l'evoluzione attraverso il processo ontologico. In questo breve capitolo vengono illustrati in dettaglio tutti gli aspetti dell'ontologia che possono spiegare l'evoluzione.

5.2 Aspetti dell'ontologia per spiegare l'evoluzione umana

La nostra vita quotidiana è composta da vari fenomeni che spiegano il cambiamento dell'essere umano di generazione in generazione. L'adattamento all'ambiente sta diventando difficile nell'era del mondo moderno. La popolazione umana è aumentata in quest'epoca e la distruzione dell'ambiente è in aumento per la sopravvivenza dell'essere umano.

5.3 L'aumento della vita dell'essere umano si basa sulla produzione ambientale, abbiamo bisogno di mangiare, bere e dormire, dobbiamo assicurarci che l'essere umano sia soddisfatto in termini di cibo e altre condizioni di salute, con la distruzione dell'ambiente le colture sono diminuite, questo calo ci ha portato all'idea di sviluppare cibo industriale, questo sviluppo del cibo industriale ha portato anche conseguenze nella vita umana. Tra queste conseguenze ci sono le malattie non trasmissibili.

5.4 La prevalenza delle malattie non trasmissibili è in aumento e il fattore principale è lo stato nutrizionale. Negli ultimi anni si camminava per lunghi tratti e si resisteva alla fatica, ma oggi non si riesce più a farlo: anche questa prova dimostra che l'essere umano è cambiato. Tutti i cambiamenti che stiamo affrontando si basano sulle condizioni ambientali e l'ambiente sta ancora istruendo l'essere umano e può portarlo all'estinzione. Lo sviluppo industriale sta distruggendo l'ambiente e provoca diversi cambiamenti. Le esperienze nucleari producono radiazioni dannose per l'ambiente e per chi lo circonda. Alcuni esseri viventi sono scomparsi di recente e altri stanno ancora scomparendo.

5.5

5.6 Le teorie della selezione naturale spiegano che una volta che non si riesce a resistere alle condizioni ambientali, si scompare. I cambiamenti sono ancora in atto e possiamo chiederci cosa porteranno questi cambiamenti, la vita sta diventando difficile e l'essere umano si sforza di sopravvivere, cerca di sviluppare una resistenza all'ambiente e questa resistenza influisce sull'immunità naturale di un essere umano. Gli esempi citati spiegano gli esempi fisici dell'evoluzione. L'ambiente fisico è una prova dell'evoluzione umana, sia fisica che intellettuale. Il cervello umano sta cambiando le cose nel mondo fisico; la tecnologia è una prova dell'evoluzione della conoscenza. Nulla può negare questa prova, come tutti sanno. Ontologicamente nulla deriva dai miracoli, tutti provengono dai cambiamenti, tutti provengono dall'evoluzione umana; questa affermazione aiuta a usare l'ontologia per spiegare il mondo fisico.

5.7 Cristianesimo e ontologia del mondo fisico
Tutti i cambiamenti vengono solo da Dio, secondo i cristiani e altri che credono nell'esistenza di Dio. Credono che alla fine del mondo ci saranno diversi cambiamenti nel mondo, tra cui lo sviluppo e la tecnologia.

Queste sono le loro sensazioni; è difficile analizzare la comprensione di alcune comunità, poiché l'evoluzione culturale ha cambiato la comprensione nella comunità umana. Secondo i cristiani, i cambiamenti mostrano loro che il mondo è alla fine, il ritorno di Gesù, ma l'evoluzione umana è un agente di cambiamento, e il cambiamento continuerà ad avvenire anche dopo la nostra scomparsa, non c'è nessun Dio che raccomanda i cambiamenti nel mondo; solo le condizioni umane cambiano il pianeta in cui viviamo. il nostro limite arriverà più tardi, i cambiamenti stanno riducendo la nostra resistenza su questo pianeta, e non c'è soluzione a questi eventi.

Credenti e non credenti scompariranno nel modo in cui sono venuti, poiché ognuno ha la propria comprensione e non c'è nessuno che possa giudicare la comprensione. L'ontologia giustifica la nostra esistenza attraverso l'analisi scientifica, il mondo fisico spiega l'evoluzione umana attraverso i cambiamenti apportati dall'essere umano su questo pianeta. I cristiani li hanno presi come prove profetiche, ma questo non è provato: se credete che le guerre dimostrino che Gesù sta per arrivare, non avete ragione perché le guerre sono iniziate prima di Gesù e storicamente si può capire la realtà di questa affermazione. La modernizzazione è causata dall'evoluzione intellettuale dell'essere umano. L'essere umano cerca sempre di trovare modi che possano aiutarlo a resistere sul pianeta, quindi fa diverse ricerche e i risultati delle ricerche portano cambiamenti, qualunque cosa pensiamo, non possiamo fermare i risultati dell'evoluzione umana. Secondo i cristiani e i credenti, le preghiere possono cambiare qualcosa, e la verifica di questa affermazione si basa sull'osservazione. Una volta osservato ciò che accade, le preghiere non cambiano nulla, preghiamo per le persone, ma queste continuano a soffrire e a morire. Le persone soffrono la fame, i problemi aumentano in tutti gli anni; questa è la prova che nulla può fermare i risultati dell'evoluzione umana. Non è importante come qualcuno possa pensare o credere, ciò che è essenziale è resistere ai cambiamenti del nostro pianeta, anche se non è eterno.

5.4 Modello che spiega l'ontologia dell'evoluzione umana

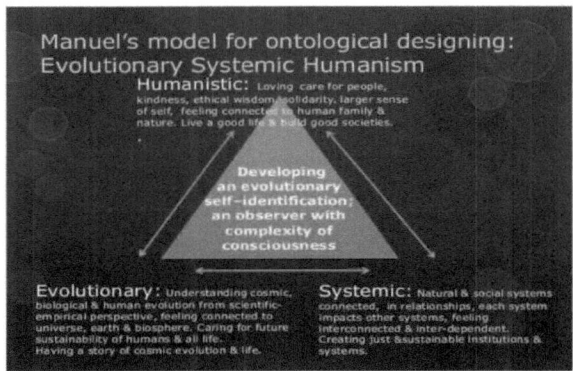

L'immagine qui sopra spiega ciò che abbiamo discusso in questo capitolo fin dall'inizio. Secondo questo modello l'evoluzione umana è sotto il controllo di 3

elementi interconnessi. Si tratta di elementi evolutivi, umanistici e sistemici. Secondo la spiegazione evolutiva, l'evoluzione umana si basa sulla comprensione del cosmo, la scienza della cosmologia che studia l'universo. L'analisi empirica dell'evoluzione biologica e umana è osservata sul modello, la sistemica mostra anche la connessione dei sistemi naturali e sociali, mentre l'umanistica mostra tutti i bisogni e le responsabilità dell'essere umano. Evolutiva è la spiegazione dell'ontologia dell'evoluzione dell'essere umano, una volta lette le prospettive empiriche scopriamo l'origine della vita e come continua a cambiare attraverso l'impegno dell'essere umano che partecipa ai cambiamenti ecologici in questi cambiamenti. E anche la determinazione del futuro dell'essere umano può essere vista analizzando il cosmo (universo). Da questo punto di vista, la sistematica mostra qualcosa di importante che non possiamo dimenticare: l'essere umano continua a lottare con i fenomeni naturali e a leggere alcuni bisogni per sopravvivere, questo è il processo dell'umanesimo. Con l'inizio della vita, l'essere umano si evolve dagli altri esseri viventi ma continua anche a cambiare, come discusso nel capitolo precedente, e questo spiega l'ontologia di ciò che esiste ancora oggi.

5.5 Sintesi

Ognuno si è trovato su questo pianeta in modo casuale. Ci sono sempre cambiamenti che non abbiamo mai pensato, che ci raggiungono casualmente. Tutti i cambiamenti che si verificano sul pianeta in cui viviamo influenzano direttamente la popolazione umana, causano cambiamenti alla popolazione umana, l'originalità della popolazione umana è cambiata e sta ancora cambiando. Lo sforzo di resistere ai cambiamenti ambientali si riduce ogni anno; accettiamo ontologicamente tutta la realtà esistente come se fosse la nostra vita quotidiana. Non si può fare nulla per fermare i cambiamenti, chiunque tu sia, i cambiamenti ti raggiungeranno. Non c'è nessun Dio che possa lottare contro i cambiamenti, si basa sull'evoluzione umana e l'evoluzione non si fermerà mai.

CAPITOLO 6

ANALISI SCIENTIFICA DELL'EVOLUZIONE

6.1 Introduzione

Nella ricerca facciamo sempre analisi. Cosa analizziamo? Perché analizziamo? Nei documenti di ricerca analizziamo i dati e li analizziamo per ottenere risultati. L'evoluzione usa la scienza per dimostrare la sua realtà. La scienza è uno strumento per spiegare i diversi fenomeni dell'universo; quando la scienza non riesce a spiegare un fenomeno, quel fenomeno diventa dubbio. Gli scienziati devono comprendere questo concetto, poiché senza la scienza non può accadere nulla. Diversi credenti negano la scienza, ma hanno creato la scienza. L'evoluzione ci mostra l'origine della vita e come i viventi provengano dalla stessa origine. Ma ci si può chiedere come i viventi abbiano avuto la stessa origine: è possibile, visto che si chiamano viventi, non possono avere origini diverse. Riflettere su questo argomento è molto interessante per ampliare le nostre idee. L'analisi può aiutarci a conoscere la realtà nascosta. Se un uomo posso diventare qualsiasi altra cosa, sapete, per avere questa vita, inizia come un uovo, poi embrione, feto e poi bambino, poi cresce. È anche possibile che qualcuno diventi qualcos'altro a causa delle condizioni.

6.2 Cosa analizziamo effettivamente nell'evoluzione per confermarne la realtà?

Nell'evoluzione analizziamo i fossili e la struttura biologica degli esseri viventi. Questi sono due elementi essenziali per confermare l'evoluzione. L'osservazione può venire dopo, ma si basa su questi elementi fondamentali.

Analisi dei fossili

I fossili sono il resto delle cose viventi e non viventi che esistevano molto tempo fa. All'interno di essi prendiamo il resto dei viventi e li analizziamo in laboratorio, non in laboratorio, ma in osservazione. Dopo averli analizzati, li confrontiamo a seconda di ciò che vogliamo sapere. In laboratorio possiamo testare il DNA, il numero di cromosomi, ecc. I fossili hanno contribuito molto alla realtà dell'evoluzione e ora sono ancora in cima alle prove dell'evoluzione.

Analisi delle evidenze biologiche

Le strutture anatomiche e fisiologiche dell'uomo determinano la sua relazione con gli altri esseri viventi. Non c'è bisogno di discutere molto, visto che si conoscono animali che hanno strutture simili a quelle umane e che possono essere dimostrate geneticamente.

Alcuni caratteri genetici di alcuni animali si avvicinano a quelli di un essere umano.

6.3 Sintesi

L'evoluzione non è una comprensione spirituale e non è un'affermazione casuale, ma ha prove ed evidenze. Scienziati e filosofi si scambiavano idee su questo argomento, per vedere se l'evoluzione è reale; la realtà dell'evoluzione non si basa su aspetti astratti, ma su prove fisiche. Potete immaginare, se io confermo che un essere umano deriva dall'evoluzione degli scimpanzé, devo mostrare prove come i fossili o le prove biologiche. Tutti i cambiamenti che abbiamo affrontato sul pianeta si basano sull'evoluzione. L'evoluzione dell'uomo è la causa principale della realtà esistente. L'analisi del mondo esistente ci dà la capacità di pensare al passato, di confrontare la comprensione filosofica del presente e del passato con le prove dell'evoluzione umana, e può portare all'immagine dell'essere umano futuro. L'evoluzione umana è in cima alla lista dei cambiamenti del pianeta, poiché tutto è sotto le raccomandazioni dell'uomo.

CAPITOLO 7

MORTE ED EVOLUZIONE

7.1 Introduzione

La morte è una delle prove che spiegano l'evoluzione umana. Sono passati milioni di anni, le persone sono morte e altre sono in procinto di morire. Tutti gli esseri umani moriranno, non c'è dubbio. La morte porta all'estinzione di alcune specie. L'estinzione è la morte dell'ultimo membro della specie. L'estinzione avviene a causa delle condizioni ambientali che diventano difficili e gli esseri viventi non riescono a resistere ai cambiamenti ambientali. La morte è uno dei fattori che favorisce la distinzione delle specie. La morte è una guida all'estinzione delle specie. L'ambiente in cui viviamo cambia di continuo e le specie vengono modificate dalle condizioni ambientali in modo da resistere ai cambiamenti. Quando non riescono a resistere, muoiono tutte e si estinguono. L'essere umano ha una grande influenza sull'estinzione di diverse specie, poiché sta cambiando molte cose sul pianeta. Non c'è nulla di nuovo per la morte, descritta sopra come una delle principali cause di distinzione delle specie. In questo articolo sono descritte informazioni dettagliate sulla morte e sull'estinzione. Ma ricordiamo una cosa importante: la morte è un fattore di vita e l'estinzione è un fattore di evoluzione; se vogliamo studiare l'evoluzione delle specie, non studiamo la morte, ma i cambiamenti evolutivi delle specie dovuti ai cambiamenti ambientali.

7.2 . Estinzione ed evoluzione

L'estinzione è un elemento importante da considerare nell'evoluzione; l'estinzione è uno stato in cui qualcosa non esiste più. Charles Darwin ha parlato di estinzione nelle sue teorie sulla selezione naturale. Ogni essere vivente deve lottare contro l'ambiente per la sua esistenza; l'estinzione è dovuta a diversi fattori, come mutazioni genetiche, cambiamenti ecologici, ecc. Il cervello umano si sta sviluppando per resistere, ma sta anche causando cambiamenti sul pianeta, dove i cambiamenti stanno influenzando gli esseri viventi e gli stessi esseri umani. Si dice che c'è estinzione di una specie quando non si vede più un suo membro nel mondo. Studiando i reperti fossili, scopriamo la situazione dell'evoluzione e dell'estinzione delle specie, nella nostra vita, non possiamo dire che l'estinzione sia un bene, ma ci aiuta a capire perché è esistita per varie specie, quindi se c'è qualcosa da fare per proteggere gli altri, lo facciamo e se non c'è nulla da fare con le nostre capacità, lasciamo che le cose accadano. L'estinzione richiede milioni di anni, nessuna specie può estinguersi in un anno, ci vuole un lungo periodo di tempo perché prima dell'estinzione si cerca di resistere.

7.3 L'uomo può estinguersi?

Questa è una domanda che si pongono diversi scienziati, ognuno dei quali ha espresso il proprio punto di vista. La nostra comprensione deve guardare lontano, analizzando le prove ontologiche. I cosmologi hanno parlato di disastri che saranno creati dall'universo e causeranno l'estinzione dell'umanità? Questo può essere considerato e testato per verificarne la realtà. Nel frattempo, le prove di come è la vita delle persone oggi possono confermare l'estinzione dell'umanità. Malattie, disabilità e altri fattori di rischio aumentano di giorno in giorno, lo sviluppo di nuove tecnologie provoca inquinamento all'umanità, la distruzione naturale della biodiversità è fuori controllo e altri problemi di vario genere si affacciano sulla Terra. Da qui la domanda: fino a quando l'uomo resisterà a tutti questi cambiamenti? L'essere umano è come gli altri esseri viventi anatomicamente e fisiologicamente, non potrà mai resistere ai cambiamenti per sempre, si estinguerà come gli altri esseri viventi.

7.4 Prove di estinzione umana

L'essere umano è come gli altri esseri viventi, se ci sono esseri viventi che sono scomparsi per estinzione, anche l'uomo può estinguersi. Oggi la tecnologia sta crescendo rapidamente e gli scienziati stanno sviluppando cose terrificanti che possono cambiare molte cose nella natura umana. Il tasso di popolazione è aumentato di recente, la nuova generazione sta mettendo a punto tutte le strategie che possono essere utilizzate per ridurre la sovrappopolazione e questo non può solo portare a un basso tasso demografico, ma può anche portare all'estinzione umana, anche se ci possono volere anni, ma può accadere. Fermiamo il tasso di natalità ma non fermeremo mai il tasso di mortalità. I disastri sono in aumento e diverse persone incontrano problemi di salute riproduttiva. Le malattie stanno diventando un problema di salute pubblica, con il mondo industriale; le malattie non trasmissibili stanno diventando un peso in questa epoca. Tutti questi problemi stanno affrontando l'uomo e possono portarlo all'estinzione. Nulla può fermare i risultati dell'evoluzione, il modo in cui le cose vengono, è lo stesso in cui vanno. L'evoluzione stessa è una prova che può spiegare tutte le evidenze dell'estinzione umana.

7.5 Sintesi

La morte e l'estinzione degli esseri viventi non sono parole nuove per le persone. Accadono e continueranno ad accadere. La morte è un fatto della vita e l'estinzione è un fatto dell'evoluzione. L'estinzione è la morte dell'ultimo membro di una specie. La morte si osserva ogni giorno, ma l'estinzione può richiedere milioni di anni. Ci sono molti fattori che portano all'estinzione, la riproduzione è una chiave che aiuta una specie a esistere per molti anni, se un vivente perde la sua capacità di riprodursi può portare alla sua estinzione. Se la riproduzione si ferma, la morte continua, la specie può estinguersi del tutto. Non possiamo dire che l'estinzione sia qualcosa di positivo, perché i viventi si aiutano a vicenda a sopravvivere, ma non possiamo fermarla e non c'è nessun altro potere per fermarla. Alcuni esempi di animali estinti sono noti nella storia e altri possono essere visti grazie ai fossili. La morte è un sostenitore dell'estinzione dei viventi, ma non possiamo trascurare altri fattori che portano all'estinzione delle specie. La tecnologia utilizzata dall'uomo cambia rapidamente e può portare all'estinzione della specie umana.

CAPITOLO 8

REALTÀ PER LA FINE DEL MONDO

8.1 Introduzione

Le persone hanno sempre paura della fine del mondo. Si chiedono quale sia la ricompensa dopo la morte, temono persino la punizione dopo la morte, ma non c'è alcun contesto scientifico che lo confermi; solo la Bibbia cristiana ha spiegato che ci saranno ricompense e punizioni dopo la morte alla fine del mondo. In questo capitolo ci sono tutti i dettagli su ciò che accade quando qualcuno muore, sul mondo e sulla sua fine. Le persone devono capire la fine del mondo nel contesto dell'evoluzione. Qui possiamo porci domande come: il mondo dovrebbe finire? Quando e come? Tutte le domande sulla fine del mondo saranno approfondite in questo capitolo.

8.2 La comprensione del cristianesimo sulla fine del mondo

I cristiani credono che il mondo finirà presto. Ma "presto" è quando? Non c'è un tempo previsto, migliaia di anni passati per dire che il mondo finirà presto. Questa credenza si basa su spiriti e fede. La sua realtà non ha giustificazioni, secondo i cristiani è Gesù che verrà alla fine del mondo per premiare chi ha fatto bene e punire chi ha fatto male. Ogni essere umano è emotivo e il tipo di emozione è influenzato da molti fattori, come quelli genetici e ambientali. Qualsiasi cosa facciamo dipende da questi fattori, non c'è bisogno di predicatori. Nessuno che possa fare cose sante al 100% con il mondo lotta per queste condizioni chiunque può ottenere la ricompensa di Gesù dalla parte dei cristiani. Dire che un essere umano può fare solo cose sante è una scarsa conoscenza della filosofia e delle scienze. La predicazione è la cultura dei credenti, specialmente di quelli che credono in Dio, non c'è nulla di speciale nella vita e nell'esistenza degli esseri umani, ognuno può seguire le proprie credenze in base alla propria comprensione, o alla religione della propria storia familiare, non c'è problema su ciò che qualcuno crede se non può rallentare il suo sviluppo. La Bibbia è il libro sacro per i cristiani, qualcosa può essere sacro a seconda della comprensione personale, e la conoscenza filosofica è fuori da questo, se le persone non sono sacre, anche la Bibbia non è sacra. La giustificazione è che la Bibbia è stata scritta da persone che non erano sante, il che significa che la Bibbia non è santa. La Bibbia è un libro che spiega la storia delle credenze cristiane. La Bibbia è un libro filosofico per i teologi. Il cristianesimo è importante dall'altro lato della società; può aiutare a cambiare il comportamento di alcune persone. Ricordiamo che il modo di comportarsi a volte dipende dall'eredità e dai fattori ambientali. L'ambiente è la guida delle cose, se Gesù verrà a porre fine al mondo dovremo considerare anche i fattori ambientali e altri, questo quando si considera la comprensione dei cristiani sulla fine del mondo. Se il mondo finirà con la venuta di Gesù, è impossibile da capire per un buon scienziato, qualcosa di fisico non può finire, pensate che il mondo scomparirà, impossibile, un essere umano può morire, ma una pietra no, questo è un pianeta come gli altri quindi se il mondo può finire anche gli altri pianeti finiranno allo stesso tempo, ma è impossibile in questo contesto, il mondo può cambiare ma non può finire, nel sottocapitolo sottostante vedrete le prove reali della fine del mondo e il suo significato.

8.3 Spiegazione filosofica e scientifica della fine del mondo

Quando entriamo in geologia vediamo il resto degli esseri viventi che esistevano molto tempo fa. Analizzando il loro DNA, si scopre che hanno una relazione con alcuni degli esseri viventi esistenti oggi. Hanno delle derivate. Secondo i matematici, una funzione matematica può avere n derivazioni fino a zero. Quando raggiunge lo zero è impossibile integrarla. La fine del mondo dipende dal tipo di vita. Ci sono esseri viventi che sono scomparsi ed estinti, per i quali il mondo è finito perché le loro specie non sono attualmente in questo mondo. Faccio un esempio: gli animali chiamati dinosauri sono scomparsi, per loro il mondo è già finito. La fine del mondo significa nel significato di evoluzione, la teoria della selezione naturale ci può far capire la fine del mondo. Il mondo cambia ogni giorno e gli esseri viventi possono adattarsi ai cambiamenti ambientali; quando non riescono ad adattarsi ai cambiamenti, scompaiono del tutto. Qui non ci sono molti commenti perché le prove sono molte in diverse teorie. Scienziati e filosofi hanno discusso molto sulla fine del mondo e hanno portato a fraintendimenti a seconda delle credenze, ma biblicamente Gesù verrà a porre fine al mondo e non è possibile che il mondo finisca. La fine del mondo ha quindi un significato importante. Un essere umano cambia ogni giorno. Possiamo pensare alla causa. Spieghiamo un evento: l'essere umano si trova ad affrontare sfide quotidiane a causa dei cambiamenti ambientali, che lo porteranno a scomparire ed estinguersi. Una volta che si manifesta una malattia, il sistema immunitario può produrre una resistenza al germe invasore o alle sue tossine per provocare la patologia dell'organo invaso; quando fallisce, può essere creata un'immunità artificiale; quando entrambi falliscono, il paziente è destinato a morire. Lo stesso vale per la scomparsa e l'estinzione di un essere umano: a causa dei cambiamenti ambientali, un essere umano non riuscirà a resistere e questo può portare all'estinzione dell'uomo. La fine del mondo significa la scomparsa o l'estinzione dell'uomo, e questo può essere inteso con l'essere umano: quando l'uomo scomparirà, per lui sarà la fine del mondo, ma il mondo potrà continuare a esistere con altri esseri viventi. L'ambiente cambia di giorno in giorno ed è il luogo da cui prendiamo tutto; il cambiamento dell'ambiente giustifica il cambiamento degli esseri viventi. Non c'è niente che possiamo fare come soluzione, qualsiasi cosa facciamo, un essere umano scomparirà, come sono scomparsi altri esseri viventi. Ho avuto modo di osservare, vent'anni fa, che in agricoltura alcune colture sono scomparse in Ruanda e in altre parti dell'Africa, perché non sono riuscite a resistere all'ambiente, non c'è bisogno di pregare e di credere che esisterà. Ciò di cui abbiamo bisogno è lavorare sodo ed è importante nel nostro tempo; dobbiamo aiutarci a vicenda per raggiungere il livello che pensiamo possa essere adatto alla nostra vita. Niente può sostenere la nostra esistenza se siamo inattivi. La fine del mondo si basa sull'estinzione degli esseri umani, ma il mondo continuerà a esistere fisicamente. Questo significa che quando le persone dicono che la fine del mondo deve

comprendere la scomparsa di un essere umano. Non importa se chi è in grado di capire l'altro lato, è diritto di ognuno capire le cose come vuole, ma non potrà mai impedire ai cambiamenti ambientali di raggiungerlo. L'evoluzione è l'agente dei cambiamenti e i cambiamenti sono illimitati.

8.4 Sintesi

La fine del mondo è un argomento di cui si discute da molto tempo. Niente è semplice nel mondo, le cose cambiano ogni giorno grazie all'evoluzione umana, la fine del mondo ha bisogno di spiegazioni per essere compresa dalle persone, la fine del mondo non è la distruzione del pianeta, ma l'estinzione degli esseri viventi che si trovano sul pianeta. Gli esseri viventi non si estingueranno nello stesso momento, ma in modo diverso. Quando si parla di fine del mondo, si può pensare in modo diverso, in realtà la fine del mondo è chiaramente l'estinzione della specie umana, anche se altre specie possono continuare a sopravvivere, ma si continuerà a dire che il mondo finirà. La parola fine del mondo scomparirà con l'estinzione della specie umana. Non sappiamo quando e come avverrà la procedura, ma il pianeta fisico non può finire, ma può cambiare e cambia sempre. Nulla può accadere senza cause, il cervello umano continua a creare cose molto terrificanti come le armi nucleari che possono uccidere milioni di persone, se c'è qualcosa che può uccidere miliardi di persone non possiamo negare l'estinzione della specie umana. Nell'universo ci sono pericoli che possono portare disastri sul nostro pianeta, la specie umana è un agente dei cambiamenti e può essere un agente della sua estinzione.

CONCLUSIONE GENERALE

L'evoluzione umana è reale e approvata dal mondo naturale. I cambiamenti avvengono ogni giorno. Il mondo ontologico è la prova dell'evoluzione umana e l'epistemologia aiuta a comprendere l'origine della vita. L'analisi del mondo ontologico è una prova dell'evoluzione umana; i creazionisti hanno cercato di disapprovare l'evoluzione umana, ma le prove non permettono a nessuno di disapprovare questa realtà. Si può dire che la conoscenza viene da Dio, ma le persone hanno conoscenze diverse e disuguali. Le persone muoiono e altre nascono, nulla può fermare questi movimenti, tutti spiegano l'evoluzione umana. Le preghiere e le altre attività di culto non possono fermare l'evoluzione. Continuerà a esistere fino a quando non lo sapremo. La nostra comprensione diventa bassa a volte a causa di diversi fattori, se si lotta per molti anni, si può ridurre la capacità di analisi del cervello, l'evoluzione nell'uomo è dovuta a cambiamenti genetici e influenzata da fattori ambientali. Recentemente, milioni di anni fa, c'era un essere umano, ma se lo confrontiamo con l'essere umano attuale, non sembra lo stesso, il che significa che qualcosa è cambiato nell'essere umano.

L'evoluzione è avvenuta anche in altri animali viventi, non solo nell'uomo, ma la maggior parte delle volte neghiamo l'evoluzione umana, che invece esiste e le prove citate sono vere. Non chiediamo alle persone di credere a ciò che credono, ma non abbiamo nemmeno il potere di fermare l'evoluzione umana. Gli aspetti astratti non possono cambiare la realtà esistente dell'evoluzione umana.

RIFERIMENTI

Abouheif, E., Akam, M., Dickinson, W.J. et al.(1997). Omologia e geni dello sviluppo. Trends in Genetics 13, 432-435.

Abrams, P.A. (2001). L'evoluzione delle interazioni predatore-preda: teoria e prove. Annual Review of Ecology and Systematics 31, 79-105.

Adams, D.C. & Rohlf, F.J. (2000). Spostamento dei caratteri ecologici in Plethodon: differenze biomeccaniche rilevate da uno studio morfologico geometrico. Atti dell'Accademia Nazionale delle Scienze USA 97, 4106-4111.

Adams, M.B. (a cura di) (1994). L'evoluzione di Theodosius Dobzhansky. Princeton University Press, Princeton, NJ.

Bamshad M, Kivisild T, Watkins WS, Dixon ME, Ricker CE, Rao BB, Naidu JM, Prasad BVR, Reddy PG, Rasanayagam A, Papiha SS, Villems R, Batzer MA, Jorde LB (2001) Prove genetiche sulle origini delle popolazioni indiane di casta. Genome Res. 11:994-1104

Cavalli-Sforza LL, Menozzi P, Piazza A (1994) Storia e geografia dei geni umani. Princeton University Press, Princeton

Crawford MH (1998) Le origini dei nativi americani: Prove di genetica antropologica. Cambridge University Press, Cambridge

Eccles, John C. (1973), La comprensione del cervello (New York: McGraw-Hill).

Eccles, John C. (1977), "Il problema cervello-mente come frontiera della scienza", Il futuro della scienza: 1975 Nobel Conference, ed. Timothy C.L. Robinson (New York: John Wiley & Sons), pp. 73-104.

Geisler, Norman (1984), "The Collapse of Modern Atheism", The Intellectuals Speak Out About God, ed. Roy A. Varghese. Roy A. Varghese (Chicago, IL: Regnery), pp. 129-152.